O MUNDO DO TRICERÁTOPS

O mundo do tricerátops
Os editores da Catapulta
Título original: *El mundo del tricerátops*

Primeira edição.

Catapulta

R. Passadena, 102
Parque Industrial San José
CEP: 06715-864 – Cotia – São Paulo
infobr@catapulta.net
catapulta.net

Coordenação editorial: Florencia Carrizo
Textos: Eduardo Wolovelsky
Edição: Laura Obredor e Camila Ponturo
Design e diagramação: Pablo Ayala
Ilustrações: Diego Barletta
Revisão técnica: Sebastián Rozadilla
Tradução: Fabiana Teixeira Lima
Revisão: Thainara Gabardo

Créditos das imagens: p. 56

ISBN 978-65-5551-193-2

Impresso no Brasil em maio de 2025.

O Mundo do tricerátops / [Editores da Catapulta ; ilustrações Diego Barletta ; tradução Fabiana Teixeira Lima]. -- 1. ed. -- Cotia, SP : Catapulta, 2025.

Título original: El mundo del tricerátops
ISBN 978-65-5551-193-2

1. Curiosidades - Literatura infantojuvenil
2. Dinossauros - Literatura infantojuvenil
I. Barletta, Diego.

25-270398 CDD-028.5

Índices para catálogo sistemático:
1. Dinossauros : Literatura infantil 028.5
2. Dinossauros : Literatura infantojuvenil 028.5
Cibele Maria Dias - Bibliotecária - CRB-8/9427

Livro de edição brasileira.

O MUNDO DO TRICERÁTOPS

Catapulta junior

SUMÁRIO

O DINOSSAURO DE TRÊS CHIFRES

Uma vez existiu um animal tão peculiar e tão estranho em alguns aspectos que, ao vermos sua figura, é impossível confundi-lo com qualquer outro. Não é pelo seu corpo que o distinguimos porque, embora ele fosse imponente e enorme, esse dinossauro não tinha nenhum traço marcante. Nós o identificamos pelo seu crânio. Tinha na cabeça um número incomum de chifres; não era um nem dois, mas três, que não apontavam para cima, e sim se dirigiam para a frente de forma ameaçadora. Como se isso não bastasse, havia outra característica ainda mais inusitada: um escudo ósseo que se erguia por trás de sua cabeça, dando a todo seu rosto a aparência de um guerreiro antigo ou de um moderno veículo blindado. Que outro nome poderia receber esse estranho dinossauro que não fosse tricerátops, ou seja, "cabeça de três chifres"?

Ele viveu há 68 milhões de anos, na mesma época e na mesma região que o ameaçador tiranossauro, e, por isso, teve o mesmo destino, quando, em razão de um acontecimento inesperado, ambos foram extintos.

No entanto, longe de desaparecer, sua extravagância ainda vive nas réplicas de esqueletos que vemos em museus ou que reconstruímos com nossas mãos. Seus três chifres e o escudo em seu crânio surpreendem qualquer observador.

A ERA
DO TRICERÁTOPS

EM QUE PERÍODO ELE VIVEU?

Pode ser que já tenhamos nos perguntado alguma vez se poderemos viajar no tempo. Nem tanto para saber como seria um possível futuro, mas sim conhecer com mais clareza o passado. Embora alguns escritores tenham inventado instrumentos por meio dos quais seus personagens podem voltar no tempo, sabemos que máquinas do tempo são sonhos impossíveis. No entanto, temos uma maneira de visitar o passado muito distante, pois é possível ler as rochas da superfície terrestre. Nelas, há muitas provas sobre como a vida era tempos atrás.

Alguns indícios mostram que o extraordinário mundo do tricerátops era mais quente que o nosso, com temperaturas semelhantes entre lugares muito distantes do planeta. Podemos imaginar o tricerátops se movimentando com sua vistosa cabeça entre diferentes tipos de árvores e samambaias enquanto caminha e respira um ar que é um pouco diferente do nosso, com menos oxigênio e mais dióxido de carbono, em parte devido à intensa atividade vulcânica.

Hoje vemos animais herbívoros, como as zebras, que vivem em manada para se proteger dos predadores, mas há mais de 66 milhões de anos os grandes mamíferos não existiam. Era a época dos dinossauros. Se considerarmos o modo como os animais se comportam na atualidade, podemos imaginar os tricerátops reunidos para se proteger de grandes caçadores, como o tiranossauro. Será que era assim?

O MESOZOICO

O tricerátops viveu no final da era Mesozoica, um extenso período no qual muitas espécies de dinossauros habitaram a superfície do planeta. Esse intervalo durou cerca de 180 milhões de anos, e são conhecidas em torno de mil espécies diferentes de dinossauros. Contudo, nem todos os dinossauros viveram no mesmo período. Enquanto alguns, como o eoraptor, viveram apenas no princípio do Mesozoico, outros, como o tricerátops, viveram somente no final dessa mesma era.

Para entender melhor como foi mudando o mundo em que os dinossauros viveram, podemos dividir o Mesozoico em três períodos: o Triássico, o Jurássico e o Cretáceo.

Triássico: teve início há 250 milhões de anos e terminou há 200 milhões de anos. As terras sobre o mar não estavam fragmentadas em continentes como acontece no mundo atual, mas formavam uma grande massa chamada Pangeia, que significa "toda a Terra". Esse grande e único continente estava rodeado por um imenso oceano conhecido como Pantalassa, que significa "todos os mares". No entanto, a Pangeia, que tinha a forma de uma letra C, deixava espaço para um mar chamado Tétis, o qual não estava incluído naquele grande mundo de água que era a Pantalassa.

Jurássico: começou há cerca de 200 milhões de anos e durou pouco menos de 60 milhões de anos. As mudanças que aconteceram durante todo esse tempo deram uma nova imagem à superfície do planeta, mais parecida com a que conhecemos atualmente. A Pangeia começou a se fragmentar para formar dois continentes chamados Gondwana, ao sul, e Laurásia, ao norte. Mais adiante, esses dois territórios deram origem aos continentes modernos.

Cretáceo: o movimento dos continentes continuou, de modo que a Terra foi adquirindo, pouco a pouco, a forma que ela tem na atualidade. Nesse período, viveu o tricerátops, que foi extinto com os demais dinossauros devido à queda de um grande meteorito.

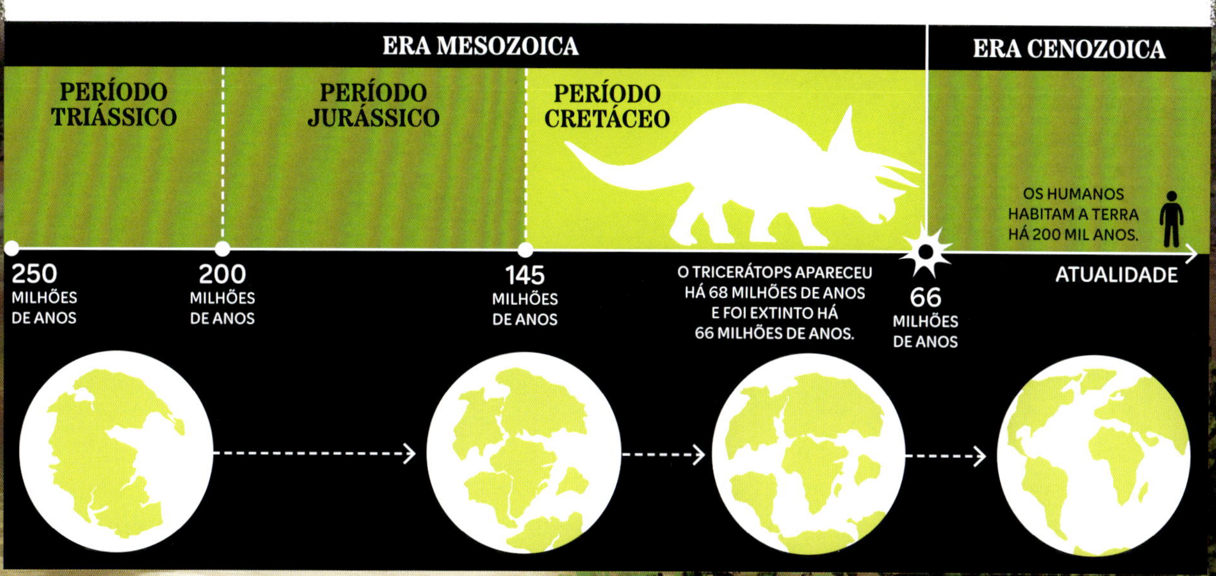

A TERRA, UM PLANETA QUE MUDA

Todos os dias presenciamos a luz que nasce em um amanhecer para depois perceber o brilho radiante do meio-dia. Horas mais tarde, observamos a crescente penumbra da noite. No entanto, esse ciclo, que parece imperturbável, não se repete sempre do mesmo modo nem com a mesma calma, porque eventos e mudanças profundas estão ocorrendo na superfície da Terra. Um dia, em algum lugar, um terremoto racha o solo e fratura tudo o que parece duro e inquebrável. Em questão de segundos, o lugar todo fica diferente. Em outro tempo e num lugar distinto, acontece outro evento. Um vulcão entra em erupção e uma área é coberta por lava e desaparece. Na Terra, acontecem muitas transformações, algumas bem rápidas e outras, como o movimento dos continentes, tão lentas que, para notá-las, é necessário que passem milhões e milhões de anos. Todas essas mudanças, sejam lentas ou rápidas, afetam as formas de vida sobre a Terra.

Os **vulcões** podem transformar imediatamente a paisagem. Eles têm um conduto que se estende ao interior da Terra e de onde, ocasionalmente, jorram lava, gases e líquidos em altas temperaturas. A erupção de lava no fundo do mar pode gerar ilhas vulcânicas. No planeta, existem regiões que estão cobertas de vulcões, embora alguns deles já não estejam mais ativos.

O MOVIMENTO DOS CONTINENTES

A Terra é formada por diferentes placas, como se fossem as peças de um quebra-cabeça. Cada uma delas vai se movendo em relação às outras e muda um pouco sua forma.

Se pudéssemos ver um filme que abarcasse toda a era Mesozoica, veríamos como o movimento lento dessas placas produz mudanças na posição dos continentes e na paisagem.

O movimento dessas peças, chamadas **placas tectônicas**, é o responsável pelo fato de a grande massa de terra que formava a Pangeia há 178 milhões de anos ter se dividido em duas: Laurásia e Gondwana. Além disso, o movimento das placas molda a paisagem e gera, em muitos casos, acidentes geográficos, como as cadeias montanhosas.

Tipos de movimentos de placas

1) Divergência

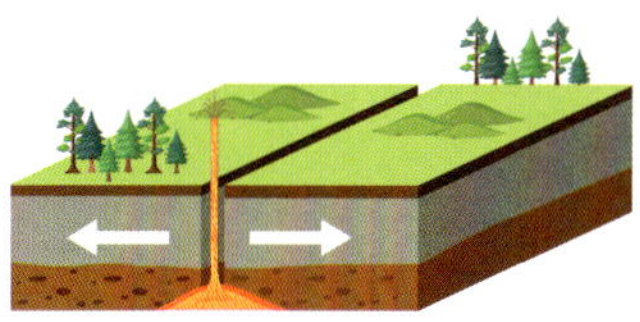

2) Convergência

3) Transcorrência

Quando chegou a época do tricerátops, no Cretáceo, Laurásia e Gondwana haviam se fragmentado para formar outros continentes menores parecidos com os que conhecemos hoje como América, Europa, África, Ásia, Oceania e Antártida.

A fragmentação dos continentes foi associada principalmente à **divergência** (1) das placas, que deu origem à separação em continentes menores. Essa divisão ocorreu ao logo de milhões de anos, e não de um momento para outro.

No entanto, outros movimentos, principalmente o de **convergência** (2), deram origem a cadeias montanhosas, como a Cordilheira dos Andes, a Norte-Americana e a do Himalaia.

O movimento de **transcorrência** (3) deu origem a fraturas no solo, chamadas falhas, como a de San Andreas, nos Estados Unidos. Além disso, ocasiona ainda hoje oscilações na superfície terrestre e dá origem a terremotos e tsunamis, que são ondas gigantes. Todos esses movimentos moldam a superfície da Terra. Por isso, na época do tricerátops, a paisagem e os continentes eram muito diferentes dos que conhecemos atualmente.

TRANSFORMAÇÕES NO MUNDO

O mundo habitado por esse dinossauro tinha um aspecto diferente do que conhecemos hoje. Há 66 milhões de anos, os continentes América, Europa, Ásia, Oceania e África estavam mais próximos uns dos outros e é possível que a Antártida não fosse tão extensa nem estivesse toda coberta de gelo. Esses continentes surgiram devido à fragmentação da Pangeia após diferentes movimentos da Terra. Por isso, se unìssemos todos os fragmentos, poderíamos montar um grande quebra-cabeça.

Durante a segunda metade do Cretáceo, a América do Norte era dividida em duas massas de terra: Laramidia, a oeste, e Appalachia, a leste. Tinha diferentes mares ou corpos de água em seu interior que, em razão do movimento dos continentes, se deslocaram. Assim, finalmente, a América do Norte ficou unida como um todo.

Nos territórios que correspondiam a Laramidia, foram encontradas espécies famosas de dinossauros, como o *T. rex* e o tricerátops. Um dos motivos para essas descobertas é que as condições climáticas e do terreno eram favoráveis à preservação dos restos desses animais.

COMO ERA A ATMOSFERA?

Desde sua origem, a atmosfera da Terra não permaneceu igual. Algumas vezes, as mudanças foram muito perceptíveis, outras vezes menos intensas. Na mistura de gases que a compõem, pode haver mais ou menos oxigênio, mais ou menos nitrogênio ou dióxido de carbono. A quantidade existente desses gases tem efeito sobre as características do clima. Para entender isso melhor, pensemos em um planeta como Vênus. Quase toda sua atmosfera é de dióxido de carbono, um gás capaz de reter sobre a superfície do planeta grande parte do calor que vem do Sol. Por isso, em Vênus são registrados cerca de 470 °C, temperatura a que pode chegar um forno de cozinha. É o planeta mais quente do sistema solar, embora não seja o mais próximo do Sol. Se sua atmosfera fosse diferente, o mundo poderia ser mais frio.

No final do Cretáceo, também por ação dos vulcões, a atmosfera da Terra tinha uma maior concentração de dióxido de carbono que atualmente. Por isso, o mundo do tricerátops era mais quente e úmido, com ventos de pouca intensidade e, possivelmente, sem gelo permanente nos polos.

Todos os continentes formaram alguma vez um único território chamado Pangeia?

Em que continente vivia o tricerátops?

Por que os tricerátops foram encontrados apenas em Laramidia?

Que continentes estavam separados no Cretáceo e que atualmente estão mais próximos?

QUE VEGETAÇÃO EXISTIA?

As samambaias e as grandes coníferas caracterizavam a paisagem onde o tricerátops viveu, embora o maior encanto de seu entorno provavelmente fosse derivado de outras plantas, como as que tinham flores. Podemos imaginar insetos polinizadores parecidos com as abelhas. À pintura que costumamos fazer desse mundo devemos adicionar uma grande variedade de árvores, algumas tão grandes como as gigantescas sequoias que chegavam a medir pouco mais de 100 metros.

Nessa paisagem, há um detalhe que não deve nos escapar. Não vemos o tricerátops caminhando sobre esse tapete chamado grama, pois as variedades de plantas que o compõem se originaram no final do Cretáceo, no sul do planeta. O tricerátops pode ter se alimentado de plantas baixas, mas não das diferentes gramíneas que hoje cobrem de verde grande parte da superfície terrestre.

COMO ERA O AMBIENTE ONDE O TRICERÁTOPS VIVIA?

CLIMA

Uma das razões pelas quais o clima era quente no Cretáceo é que a atmosfera tinha uma maior concentração de dióxido de carbono.

INSETOS

Muitas das formas de insetos que conhecemos atualmente já existiam no final do Cretáceo. As libélulas e as abelhas remontam a essa época. Sua evolução está ligada ao aparecimento das plantas com flores, das quais os insetos obtêm o néctar. Ao mesmo tempo, elas colaboram para a própria reprodução devido ao transporte de pólen.

SAMAMBAIAS

Foram as primeiras plantas a colonizar a terra firme. Sua presença era característica de muitas das paisagens da era Mesozoica.

FLORES

Nem sempre as plantas com flores existiram em nosso planeta. Sua origem remonta há cerca de 140 milhões de anos. Durante o período Cretáceo, evoluíram em uma grande variedade de novas espécies, que deram forma a vários cenários pelos quais os dinossauros perambulavam.

Como era o ambiente onde vivia o tricerátops no Cretáceo? Será que era parecido com algum dos lugares que conhecemos hoje?

O TRICERÁTOPS E SEUS CONTEMPORÂNEOS

POR QUE O TRICERÁTOPS ERA ESTRANHO?

A admiração que temos pelo tricerátops, com seus três chifres e o escudo ósseo de sua cabeça, se torna mais profunda quando comparamos essas características com as de outros dinossauros da época dele. Não existiu nada igual nem parecido.
Havia espécies maiores e outras muito menores. Algumas eram mais ágeis e outras possivelmente pareciam mais desajeitadas por sua lentidão. Havia dinossauros com penas e outros que tinham apenas escamas. Alguns tinham placas ósseas em suas costas e andavam sobre quatro patas, enquanto outros se erguiam sobre duas patas, exibindo as garras de seus pequenos braços. Contudo, nenhum deles se comparava ao tricerátops, o dinossauro de três chifres.

Triceratops
(nome científico)

Alimentação: herbívoro

Tamanho: 9 metros de comprimento

Peso: 9 toneladas

Período: Cretáceo

Território: norte da América

Características principais: tinha três chifres e uma estrutura óssea na parte de trás da cabeça que pode ter servido para regular sua temperatura corporal.

ALGUMAS DE SUAS CARACTERÍSTICAS

Quando observamos o esqueleto de um tricerátops, chamam a nossa atenção seus três chifres e o escudo ósseo atrás de sua cabeça. Mas que função eles tinham? Para que os tricerátops utilizavam essas estruturas? Antes de responder a essas perguntas, vamos ver outras de suas características corporais.

O tricerátops era enorme e podia chegar a medir mais de 9 metros de comprimento e pesar 9 toneladas. Há duas espécies conhecidas desse dinossauro: *horridus* e *prorsus*; a primeira era um pouco maior que a segunda.

É difícil determinar qual era a função do escudo e da gola atrás da cabeça do tricerátops. É bom lembrar que só temos os ossos desse dinossauro para tentar saber como ele vivia. É possível que tivesse alguma função de defesa, mas não era tão resistente para suportar uma mordida. Também pode ter servido para regular a temperatura, como as grandes orelhas do elefante, que recebem mais ou menos sangue para liberar ou reter calor. Além disso, é possível que a gola fosse coberta por cores chamativas e tivesse servido como ferramenta de comunicação.

Os chifres podem ter sido úteis para a defesa, embora pudessem apenas evitar um ataque de frente. Talvez fossem usados para brigar entre os próprios tricerátops ou para indicar que um deles era o líder da manada.

De todas as histórias que podemos imaginar a respeito dos dinossauros, uma das mais emocionantes é a que envolve o tiranossauro e o tricerátops. Como eles compartilharam os mesmos tempo e lugar e, além disso, um se alimentava de animais e outro, só de plantas, o enfrentamento feroz entre eles pela sobrevivência deve ter sido um espetáculo impressionante. Como teria sido o encontro entre esses dois dinossauros do Cretáceo?

NO MESMO CONTINENTE

Podemos entender melhor o que o tricerátops tinha de especial quando o comparamos com outros dinossauros que viveram no norte da América.

EDMONTOSSAURO

O lagarto de Edmonton, ou edmontossauro, tinha algumas particularidades que o tornavam inconfundível. Sua cabeça era mais achatada que a de outros dinossauros herbívoros de mesmo tamanho e terminava curiosamente em um bico plano. Era um animal comprido e podia chegar a medir 13 metros, desde a cauda até a cabeça, mas não era tão pesado como o tricerátops.

Suas patas dianteiras eram mais curtas que as traseiras e, embora fosse um animal quadrúpede, ele podia se erguer sobre seus membros posteriores. Em vários fósseis foram encontrados restos de suas partes moles, por isso sabemos que ele tinha escamas na pele e apresentava uma crista de tecido mole na cabeça, comparável à de uma galinha. É possível que ele tenha vivido em manada e tenha migrado em certas épocas do ano.

Edmontosaurus
(nome científico)

Alimentação: herbívoro

Tamanho: 13 metros de comprimento

Peso: 4 toneladas

Período: Cretáceo

Território: norte da América

Características principais: tanto a cabeça como o bico eram achatados.

Comparação: não era tão pesado como o tricerátops; no entanto, é possível que tenha se defendido de predadores aproveitando-se de seu grande tamanho.

ALAMOSSAURO

Pode-se dizer que esse dinossauro era um dos mais impressionantes de todos por seu tamanho descomunal. De fato, é o maior já encontrado no norte da América. Podia chegar a medir até 30 metros de comprimento, como um edifício de 10 andares, e a pesar 74 toneladas, o que equivale a 7 ônibus. Seu tamanho era comparável ao de outro gigante, mas do sul da América, o argentinossauro, de 34 metros de comprimento.

A cauda do alamossauro era imensa, mas seu pescoço era ainda mais imponente. Deve ter sido impressionante ver vários deles juntos, pois supomos que eles viviam em manadas. Por estarem em grupos, era difícil que fossem capturados por um caçador carnívoro.

Apesar de seu tamanho espetacular, conhecemos animais maiores que vivem atualmente. Esse é o caso da baleia-azul, um mamífero que pode pesar mais de 150 toneladas e medir até 24 metros de comprimento. No entanto, o que nos chama a atenção sobre os dinossauros não é apenas seu grande tamanho, mas também o fato de terem sido animais terrestres, ou seja, que não tinham o suporte da água para sustentar seus corpos, como as baleias. Além disso, só se alimentavam de plantas.

Alamosaurus sanjuanensis
(nome científico)

Alimentação: herbívoro

Tamanho: 30 metros de comprimento

Peso: 74 toneladas

Período: Cretáceo

Território: norte da América

Características principais: é o maior dinossauro que viveu no norte da América.

Comparação: era nove vezes mais pesado e três vezes mais alto que o tricerátops.

EM OUTROS CONTINENTES

É impressionante a diversidade dos dinossauros do Cretáceo. Alguns dos fósseis mais interessantes foram encontrados na Europa e outros, na América do Sul.

TAMARRO

Esse dinossauro não é apenas o protagonista das pesquisas científicas; seu nome também está relacionado às antigas lendas europeias. Essas narrações falavam de um ser tão esquivo e escorregadio que era quase impossível encontrá-lo.

Há poucos anos, em 2021, um grupo de paleontólogos encontrou os restos fósseis de um exemplar de dinossauro de uma classe pouco vista na Europa. Inspirados na lenda, decidiram nomear essa espécie de tamarro inesperado. De acordo com as características do fóssil encontrado, é possível que, quando adulto, fosse comparável ao nhandu, por seu tamanho, assim como que tivesse penas e se alimentasse de animais.

A descoberta desse dinossauro nos diz algo mais: quando parece que os paleontólogos não vão encontrar nada novo, *tchã!*, aparece o tamarro.

Tamarro insperatus
(nome científico)

Alimentação: carnívoro

Tamanho: 2 metros de comprimento

Peso: 20 quilos

Período: Cretáceo

Território: noroeste da Espanha

Características principais: era bípede e coberto de penas.

Comparação: pertencia a um grupo muito diferente do grupo do tricerátops; por isso, era mais parecido com uma ave que com um grande dinossauro herbívoro.

SALTASSAURO

Na mesma época do tricerátops, porém onde hoje é a América do Sul, viveu um dinossauro grande, embora pequeno em comparação com outros dinossauros de seu grupo, chamado saltassauro, o lagarto de Salta.

Com um pescoço relativamente curto em relação ao restante dos saurópodes e com a cauda comprida em forma de chicote, tinha sobre as costas algumas placas ósseas que pareciam espinhos, chamadas osteodermos. Provavelmente, serviram-lhe de proteção contra predadores. Outro modo de defesa poderia ter sido a vida em manada. Ver esses enormes animais em grupo devia ser assustador para seus possíveis atacantes.

Como foram encontrados restos de ninhos desses dinossauros, sabemos que seus ovos eram quase redondos e de um tamanho equivalente ao dobro de uma bola de tênis. Além disso, os ninhos eram protegidos por todo o grupo.

A diferença de tamanho entre seus ovos e um dinossauro adulto nos dá uma ideia de como era impressionante seu crescimento.

Saltasaurus loricatus
(nome científico)

Alimentação: herbívoro

Tamanho: 12 metros de comprimento

Peso: 7 toneladas

Período: Cretáceo

Território: sul da América

Características principais: tinha placas em suas costas que pareciam espinhos.

Comparação: era maior que o tricerátops, mas ambos viviam em manadas, o que lhes permitia se protegerem dos predadores.

OUTROS RÉPTEIS DE SUA ÉPOCA

Os dinossauros eram répteis, mas não foram os únicos que habitaram a Terra durante o Cretáceo. Havia répteis que voavam ou nadavam, como o elasmossauro, mas não são considerados dinossauros. Esses répteis, que tinham asas ou barbatanas, muitas vezes são confundidos com os dinossauros apenas porque eram enormes. A principal característica que permite diferenciar os dinossauros dos demais répteis é que estes últimos, como os lagartos e os crocodilos, têm as patas dispostas nas laterais. Os dinossauros, por sua vez, têm suas patas posicionadas verticalmente, debaixo do corpo.

No mar, o elasmossauro era um réptil que se destacava, não tanto por sua extensão, que podia chegar a quase 13 metros, mas pelo comprimento de seu pescoço em relação ao corpo. Deve ter sido impressionante vê-lo se locomover na água.

A FAMÍLIA DO TRICERÁTOPS

Em 1859, o inglês Charles Darwin publicou o livro *A origem das espécies*. Nele, explicou que a vida na Terra nem sempre foi igual, que as espécies mudam e que algumas formas se extinguem e dão origem, às vezes, a outras espécies descendentes. Com essa ideia sobre a evolução, podemos entender a história do tricerátops, seu surgimento, seus parentescos e sua extinção.

A evolução dos dinossauros pode ser representada como se fosse uma árvore em que cada ramo mostra a origem e a sobrevivência de novas formas de vida. Como nem todos os grupos de dinossauros viveram no mesmo período, alguns ramos são mais curtos que outros. No tronco, encontram-se os primeiros dinossauros, que viveram na era Mesozoica, há 250 milhões de anos.

Com o passar do tempo e das gerações, foram diferenciados dois grupos de dinossauros de acordo com a forma de seus quadris: os **saurísquios** (*Saurischia*), do qual faz parte o tiranossauro, e os **ornitísquios** (*Ornithischia*), em que se encontra o tricerátops. No entanto, essa família foi extinta no final do Cretáceo. Por outro lado, o ramo dos saurísquios evoluiu por milhões de anos e deu origem às aves atuais.

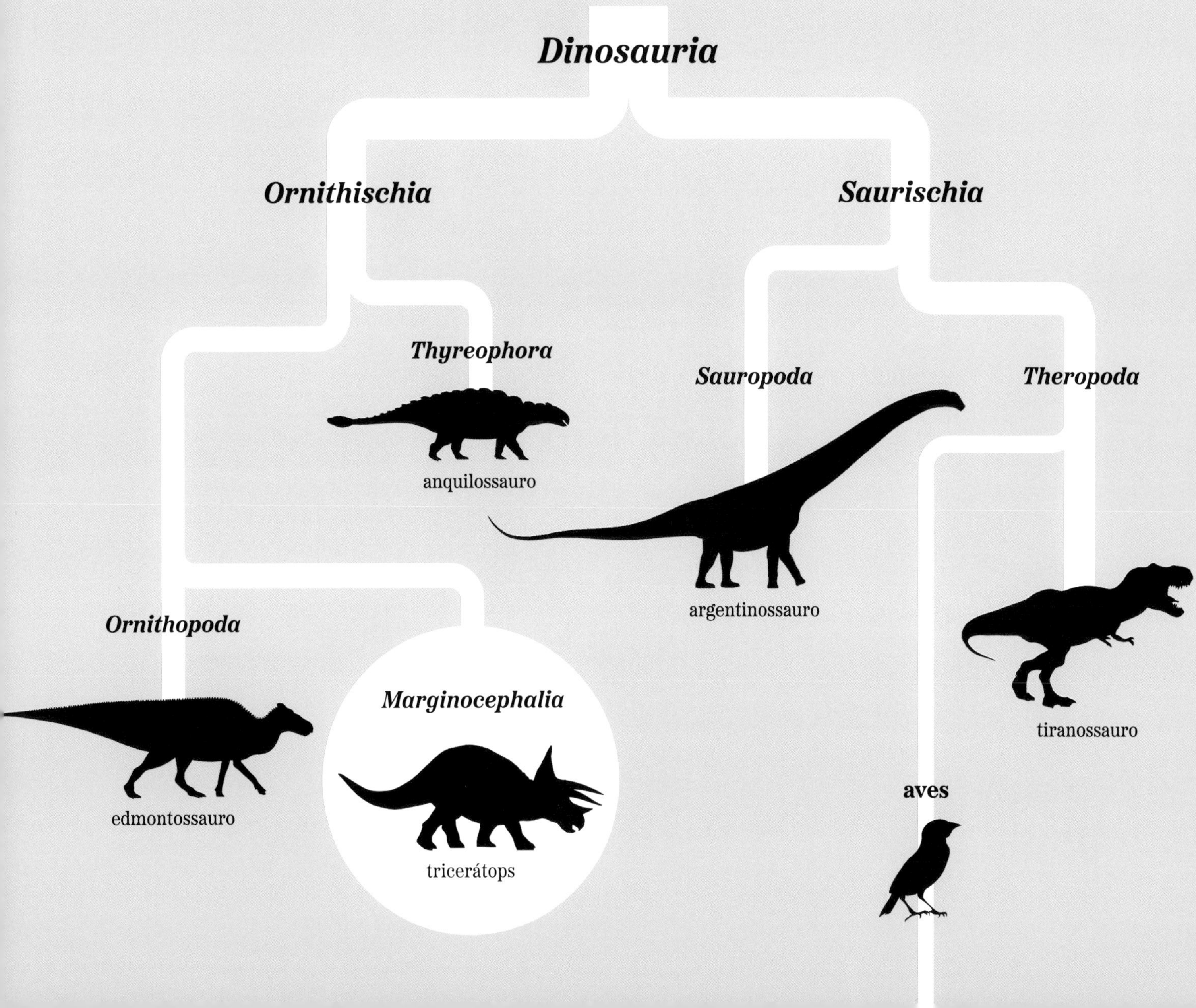

O TRICERÁTOPS NA ATUALIDADE

A HISTÓRIA ESCRITA NAS ROCHAS

Nicholas Steno, um naturalista dinamarquês nascido em 1638, percebeu que a superfície da Terra poderia ser estudada como um livro com diferentes histórias escritas ao longo do tempo. Em vez de ter páginas, esse livro da natureza é composto de camadas de rochas: as mais novas em cima das mais antigas. Nelas, acumulam-se fósseis que contam a história da vida na Terra. Algumas guardam os segredos de 200 milhões de anos e outras são mais novas.

As partes de um esqueleto, uma pegada ou qualquer resto vegetal impresso nas rochas são **fósseis**. Eles trazem evidências da vida no passado e nos ajudam a construir histórias ligadas à natureza.

Os paleontólogos conhecem o idioma dos fósseis, por isso podem ler as histórias nas rochas. Eles sabem onde buscar fósseis e o cuidado que devem ter ao desenterrá-los. No entanto, o trabalho deles não é simples. Muitas vezes, eles devem corrigir as conclusões a que chegam. Algo assim aconteceu com o primeiro fóssil de tricerátops encontrado. Os paleontólogos haviam encontrado apenas uma parte do crânio. Por isso, acharam que esses vestígios pertenciam a um mamífero parecido com um bisão. Após a descoberta de outros restos desse dinossauro, corrigiram o erro e confirmaram que não se tratava de um bisão, mas de uma espécie nova, que batizaram de tricerátops.

Em 2014, foi localizado no oeste dos Estados Unidos um exemplar de tricerátops que até hoje é o maior já encontrado. Um grupo de paleontólogos o desenterrou, o reconstruiu e o apelidou de Big John. Em 2021, ele foi vendido em um leilão para um colecionador, mas é possível ver uma réplica em alguns museus.

PALEONTÓLOGOS E FÓSSEIS

O tricerátops é um animal que confundiu os paleontólogos. Ao encontrarem mais de 200 exemplares, os paleontólogos devem ter pensado que era comum descobrir restos fossilizados desses animais. No entanto, a formação de fósseis não é um fato frequente. Então, por que encontraram tantos exemplares?

Talvez tenham localizado muitos ossos de tricerátops porque havia muitos desses dinossauros no final do Cretáceo ou porque esses animais viviam em um ambiente onde, ao morrer e com o passar do tempo, seus restos podiam ser cobertos por barro e terra e, assim, conservarem-se antes de serem devorados por outros animais. Também, é possível que, devido ao grande tamanho dos ossos do crânio e da gola, tenha sido difícil sua decomposição completa. Tudo isso deve ter contribuído para que hoje os paleontólogos tenham muitos exemplares de tricerátops fossilizados à disposição.

O PRIMEIRO FÓSSIL DO TRICERÁTOPS

Em 1887, no oeste dos Estados Unidos, foram encontrados alguns restos ósseos que, por serem raros, foram enviados ao paleontólogo Othniel Marsh, que era um conhecido estudioso dos fósseis daquela região. A princípio, ele confundiu esses ossos com os do bisão, um mamífero de dois chifres e de grande porte existente atualmente.

Foram necessárias novas descobertas para revisar essa classificação e entender melhor o que o paleontólogo tinha em mãos. Foi assim que ele percebeu que se tratava de um dinossauro. A característica peculiar dessa espécie eram seus três chifres; por isso, foi chamada de tricerátops, que é uma palavra composta do latim que significa: *tri*, três; *cera*, chifres; e *tops*, cabeça.

O tricerátops não foi alheio à guerra dos ossos, uma disputa entre Othniel Marsh e outro paleontólogo, chamado Edward Cope, para ver quem encontrava e classificava o maior número de dinossauros.

Depois de muitas discussões e estudos desde que o primeiro fóssil foi desenterrado, considera-se que existem duas espécies: *Triceratops horridus* e *Triceratops prorsus*.

Após um longo e sinuoso caminho cheio de obstáculos, o tricerátops deixou de ser confundido com um bisão para se tornar, com o tiranossauro, um dos dinossauros mais famosos.

PLATE XXIX
THE LAST OF THE DINOSAURS, TRICERATOPS PRORSUS.
Length about 19 feet 8 inches.
E.D.Cope.
O.C.Marsh
Bisão?
Não.
W Y O M
N E B R

SUA EXTINÇÃO

O que pode ter ocorrido para que todos os dinossauros, incluindo o tricerátops, desaparecessem? Uma explicação para essa extinção pode ter relação com uma catástrofe em todo o planeta. Mas o que pode ter sido?

EM BUSCA DE UMA EXPLICAÇÃO

Há alguns anos, os pesquisadores estadunidenses Walter e Luis Álvarez (que eram pai e filho), Frank Asaro e Helen Michel chegaram a uma explicação para a grande extinção enquanto estudavam as rochas da superfície terrestre. E se um asteroide ou um cometa tivesse chocado contra a Terra, gerando uma grande explosão? A ideia era muito interessante, mas isso não a tornava uma verdade.

Até que, em 1990, foram encontradas evidências de uma cratera de 180 quilômetros de diâmetro no México, cuja antiguidade correspondia ao momento da extinção dos dinossauros. Essa cratera foi denominada como a antiga cidade de Chicxulub, que na língua dos maias significa pulga do demônio. Nela foram encontrados restos de um material pouco comum na superfície terrestre, mas que é abundante nos meteoritos: o irídio. Essa foi uma prova suficiente para aceitar a teoria.

Com base nesse conhecimento, podemos dizer que a queda de um grande meteorito na Terra há 66 milhões de anos foi a causa mais provável para a extinção dos dinossauros, incluindo o tricerátops.

AS QUEDAS DE METEORITOS

A Terra recebe todos os anos uma grande quantidade de material proveniente do espaço exterior. Alguns dos corpos que entram na atmosfera de nosso planeta são pequenos fragmentos, enquanto outros são grandes massas rochosas cuja passagem pelo céu pode ser observada a olho nu.

Até agora, o maior meteorito já encontrado é o Hoba, que foi localizado em 1920 no sul da África. Pesa 66 toneladas e mede 2,70 metros de largura e 90 centímetros de altura.

Esse meteorito teria impactado nosso planeta há 80 mil anos. Sua queda não provocou nenhuma cratera. Isso porque possivelmente o atrito com a atmosfera teria freado a velocidade de sua trajetória e, por isso, não ficaram marcas na superfície da Terra.

Outro acontecimento importante ocorreu em 2013, quando os moradores da cidade russa Chelyabinsk viram no céu um rastro deixado por uma bola de fogo. Tratava-se de uma bólide, ou seja, um aglomerado de matéria cósmica do tamanho de um avião que, ao atravessar a atmosfera, se desintegrou.

Esse evento foi registrado pelas diversas câmeras da cidade. A energia liberada durante a passagem da bólide pela atmosfera fez com que os vidros de muitas janelas estourassem, embora seus restos tenham caído dispersos a aproximadamente 80 quilômetros de prédios e construções.

O meteorito Hoba e o acontecimento de Chelyabinsk nos lembram da possibilidade de que objetos que cruzam o espaço no sistema solar caiam na Terra. Atualmente, os astrogeólogos monitoram os céus e calculam a trajetória dos meteoritos e asteroides para decidir sobre a possibilidade de que algum deles atinja a Terra.

Um grande meteorito caiu sobre o planeta
e causou a extinção dos dinossauros. Como
teria sido a explosão? Quanto tempo teria
durado o efeito desse impacto na Terra?

O TRICERÁTOPS EM PROFUNDIDADE

O TRICERÁTOPS ERA UM RÉPTIL

Os répteis foram os primeiros animais a conquistar a Terra e poder viver longe de qualquer corpo de água: mares, rios, lagos e lagoas. Diferentemente dos anfíbios, como os sapos, as rãs e as salamandras, os répteis têm a pele seca e se reproduzem depositando ovos. Costumam fazer parte de paisagens desérticas, as quais, em razão de sua aridez, parecem mundos hostis à vida. Alguns répteis, como as tartarugas, nos despertam certa simpatia, outros, como os crocodilos, terror. Contudo, há um grupo de répteis que causam fascínio e perplexidade. Eles dominavam cada canto da superfície firme de nosso planeta, mas não existem mais, foram extintos. Nós os conhecemos porque foram resgatados das garras do tempo pelo intenso trabalho dos paleontólogos.

Como afirmamos anteriormente, os dinossauros são répteis, mas têm uma característica que os diferencia dos demais: a localização de suas patas. Se observamos com atenção as reconstruções feitas com os restos fósseis, vemos que, diferentemente de outros répteis, os dinossauros tinham as patas dispostas abaixo do corpo, e não voltadas para as laterais, como as iguanas e os lagartos.

A forma dos membros dos dinossauros deu origem a uma enorme diversidade de animais menores, como o tamarro, ou gigantes, como o argentinossauro.

Parecia que os dinossauros vagariam para sempre pelas paisagens do planeta, mas eles foram extintos. No entanto, outras formas de répteis, com patas nas laterais, deram origem às espécies que conhecemos atualmente.

A DIFERENÇA ENTRE AS PATAS

Répteis

Patas nas laterais do corpo

Dinossauros

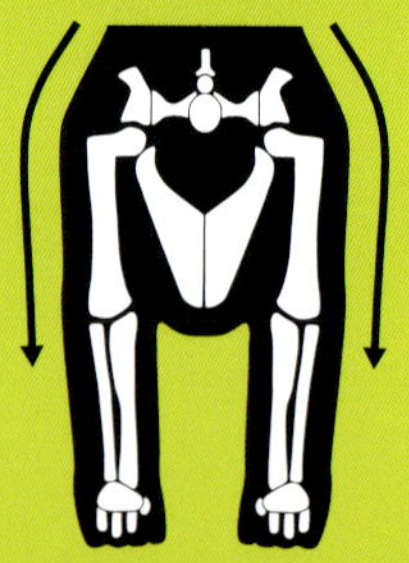

Patas abaixo do corpo

ALIMENTAÇÃO

O tricerátops era um animal herbívoro, ou seja, alimentava-se de plantas. Ele usava a boca em formato de bico para arrancar samambaias e outros tipos de vegetação baixa. Muito se falou sobre a possibilidade de eles derrubarem algumas árvores para alcançar as folhas das copas, o que, de outra forma, teria sido impossível.

Assim como outros herbívoros, devia passar muito tempo pastando para satisfazer seu apetite. É estranho pensar nos dinossauros dessa maneira, pois costumamos imaginá-los como feras fortes e ameaçadoras. Poucas vezes pensamos que se pareciam com os bisões ou com os búfalos em seu comportamento alimentar, já que não comiam carne, mas vegetais.

QUANTO ELE COMIA?

Uma das perguntas que podemos nos fazer é que quantidade de alimento teria sido necessária para satisfazer a fome do tricerátops. Ainda não temos uma resposta a essa pergunta; no entanto, os paleontólogos acreditam que esses dinossauros destinavam grande parte do tempo para se alimentar.

O GIGANTE DE TRÊS CHIFRES

O tricerátops era um animal que tinha as patas posteriores um pouco mais longas que as anteriores. Estas eram muito fortes porque deviam suportar o peso de seu crânio. Os três chifres e o escudo do crânio, também chamado gola, eram suas características distintivas, mas vamos conhecer outras.

Tinha **músculos** grandes e fortes aderidos aos sólidos ossos de seu esqueleto. O tricerátops podia ser perseguido por dinossauros carnívoros, como o *T. rex*, mas capturá-lo não deve ter sido uma tarefa fácil.

Sua **cauda** era relativamente pequena e grossa em comparação com a de outros dinossauros, porque não tinha a função de ajudá--lo a se manter ereto, como era o caso do *T. rex*.

Seu **andar** não era muito veloz, embora acredita-se que pudesse chegar a 20 ou 30 quilômetros por hora para fugir de seus predadores.

O **escudo do crânio**, ou gola, era uma estrutura óssea coberta de pele que podia medir até 1,80 metro de largura.

Seu **crânio** tinha ossos bem grandes. Em alguns exemplares, essa estrutura chegava a mais de 2,7 metros de comprimento e 1,4 metro de largura.

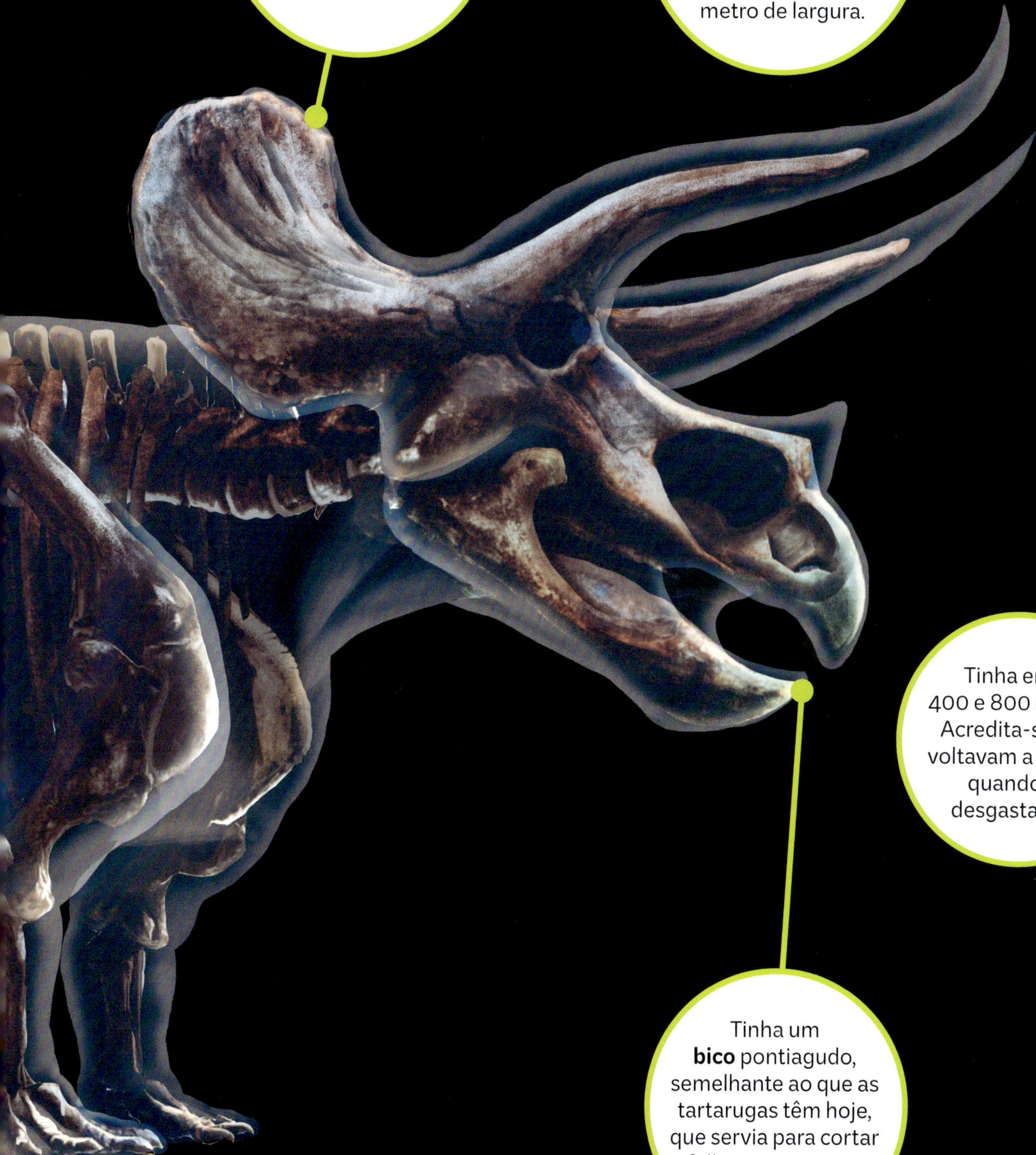

Tinha entre 400 e 800 **dentes**. Acredita-se que voltavam a crescer quando se desgastavam.

Tinha um **bico** pontiagudo, semelhante ao que as tartarugas têm hoje, que servia para cortar folhas e pequenos ramos.

REPRODUÇÃO

O tricerátops, como todos os dinossauros, depositava seus ovos na terra. Eles eram grandes e tinham uma casca dura.

Podemos imaginar que esses dinossauros formavam ninhos com uma grande quantidade de ovos, como os répteis e as aves. No entanto, também é possível pensar o contrário, que eles tinham poucos ninhos e que os protegiam do ataque de algum predador.

Então, os tricerátops cuidavam de seus ovos ou os abandonavam à própria sorte? Essa pergunta nos leva a pensar no momento quando o filhote do tricerátops quebrava a casca para sair ao mundo. Por seu tamanho, imaginamos que devia ser muito vulnerável e que, para sobreviver, dependia da presença de um tricerátops adulto que, de algum modo, o protegesse até que pudesse cuidar de si mesmo.

Os ovos de dinossauro variam em forma e tamanho de acordo com a espécie. Alguns são alongados e outros, esféricos. Os maiores encontrados chegam a 60 centímetros de altura e 20 de largura. Ainda não foram encontrados restos fósseis de ovos de tricerátops. Como eles devem ter sido?

ALGUNS INTERROGANTES

Como todo animal herbívoro podia ser caçado enquanto se alimentava, é possível que o tricerátops usasse seus chifres como defesa. No entanto, o escudo do crânio, ou gola, era muito fraco para suportar golpes ou mordidas de seus adversários. Imaginemos o tricerátops em um estado permanente de alerta ou defendendo-se junto aos integrantes de seu grupo.

É difícil saber como era o comportamento desse e de outros dinossauros, pois temos somente restos de ossos e alguma ou outra pegada ou marca de uma parte desses seres extintos. Poderíamos supor que eles viviam em manada, já que foram encontrados fósseis de três indivíduos em um mesmo lugar. No entanto, não há provas suficientes para afirmar isso.

SOBRE SUA PELE

Outro aspecto que desconhecemos é como era sua pele. Só é possível imaginar com base nos répteis atuais, que, embora sejam parentes distantes, são as formas vivas mais próximas. Se observarmos as diferentes reconstruções nos distintos museus do mundo, veremos que a pele do tricerátops tem marcas ou cores diferentes entre um exemplar e outro. Isso se deve ao fato de que essas reproduções da pele correspondem ao trabalho dos artistas, que adicionam tons e texturas para representá-la conforme a imaginam.

SEUS PARENTES

Se observarmos a árvore da evolução, embora pareça estranho, notaremos que o mais comum é que as ramificações dos seres vivos apresentem interrupções. Apenas algumas permanecem para se tornar troncos dos quais brotarão novas espécies.
Diferentemente do *T. rex*, cuja ramificação deu origem às aves atuais, o ramo do tricerátops ficou interrompido. Rompeu-se há 66 milhões de anos. No entanto, é possível conhecer como eram outras espécies mais antigas que o precederam e que formam o grupo dos ceratopsídeos, ou dinossauros com chifres. Não são seus antecessores diretos, mas parte de uma mesma família que compartilha alguns antepassados comuns.

O tronco da família de ***Ceratopsidae*** se divide em duas ramificações: os ***Centrosaurinae*** e os ***Chasmosaurinae***. Os dinossauros da primeira ramificação têm uma crista no nariz e grandes chifres sobre os olhos, como o eniossauro e o diablocerátops. Por outro lado, os dinossauros da segunda ramificação costumam ter chifres longos sobre os olhos e uma grande abertura no escudo do crânio, como o chasmossauro, o torossauro e o tricerátops.

Diabloceratops eatoni

Entre 81,4 e 81 milhões de anos.

Os chifres do escudo do crânio eram maiores que os de outros ceratopsídeos. Por isso, recebeu o nome de **diablocerátops**.

Triceratops

Entre 68 e 66 milhões de anos.

O **torossauro** tinha dois orifícios no escudo do crânio, mas era o mais parecido e próximo ao tricerátops. Alguns paleontólogos acreditaram que se tratava do mesmo dinossauro, mas o tricerátops era um exemplar jovem e o torossauro era um exemplar adulto, porque tinha tamanho maior. Por enquanto, são consideradas duas espécies diferentes, embora muito próximas.

Torosaurus

Entre 72 e 66 milhões de anos.

TRIVIASSAURA

Com base em todas as informações que você leu neste livro, complete os seguintes desafios para se tornar um especialista em dinossauros.

1) Triceragrama

Leia as definições e complete o crucigrama.

1. **T** ___ ___ ___ ___ ___ ___ ___ ___ ___ ___ ___
2. ___ **R** ___ ___
3. ___ ___ ___ ___ ___ **I** ___
4. **C** ___ ___ ___ ___ ___ ___
5. ___ ___ ___ ___ **E** ___ ___
6. ___ ___ **R** ___ ___ ___ ___ ___
7. ___ ___ ___ ___ **Á** ___ ___ ___
8. **T** ___ ___ ___ ___ ___ ___
9. ___ ___ ___ ___ ___ **O**
10. **P** ___ ___ ___ ___ ___ ___
11. ___ ___ ___ ___ ___ ___ **S** ___ ___ ___ ___

1) Dinossauro carnívoro de grande porte conhecido como *rex*.
2) Número de chifres que o tricerátops tinha.
3) Restos que comprovam as formas de vida do passado.
4) Estruturas ósseas do crânio características do tricerátops.
5) Animais que têm a pele seca e se reproduzem por meio de ovos.
6) Uma das duas espécies de tricerátops, a de tamanho maior.
7) Um dos continentes da Terra no início do Mesozoico.
8) Espécie de dinossauro da Europa com penas, de tamanho pequeno, cujo nome é inspirado em uma lenda.
9) Nome comum que se dá à parte do crânio do tricerátops chamada gola.
10) Espécie de tricerátops de tamanho menor.
11) Espécie de dinossauro que tinha um pescoço muito comprido e viveu no norte da América na mesma época que o tricerátops.

2) Informações misturadas

Nas fichas a seguir, foram misturadas as informações correspondentes a cada dinossauro. Marque **E** nas características que correspondem ao edmontossauro e **A** nas que se referem ao alamossauro.

EDMONTOSSAURO

Era chamado de lagarto de Edmonton.	☐
Chegava a medir até 30 metros de comprimento.	☐
Sua cabeça era mais achatada que a de outros dinossauros herbívoros.	☐
Era o maior dinossauro encontrado no norte da América.	☐

ALAMOSSAURO

Tinha uma crista mole sobre sua cabeça, semelhante à das galinhas.	☐
Era um dos maiores dinossauros da América, depois do argentinossauro.	☐
Suas patas dianteiras eram mais curtas que as traseiras.	☐
Era um animal que podia medir até 13 metros de comprimento.	☐

3) Risque as palavras que NÃO estão associadas a este dinossauro.

pelagem – lendário – minúsculo – inesperado – herbívoro – penas

4) Caça-palavras

Encontre 6 nomes de dinossauros mencionados no livro.

N	C	T	U	M	F	K	T	R	I	C	E	R	Á	T	O	P	S
F	U	E	N	J	A	T	B	E	H	M	Y	X	E	I	N	E	H
L	A	M	S	S	I	A	L	A	M	O	S	S	A	U	R	O	Á
B	R	C	X	U	Q	M	C	G	U	I	B	R	K	P	Q	A	I
T	D	E	J	C	S	A	L	T	A	S	S	A	U	R	O	M	G
O	T	N	Q	U	O	R	Á	V	I	H	Y	U	O	P	H	Y	E
C	Y	U	I	Z	S	R	F	U	O	Q	T	I	D	E	U	P	O
I	D	I	A	B	L	O	C	E	R	Á	T	O	P	S	R	B	X
R	Q	I	B	Y	E	M	A	D	G	I	V	U	L	K	E	S	U
O	V	S	Á	E	D	M	O	N	T	O	S	S	A	U	R	O	H

5) Família de ceratopsídeos

Ordene os familiares do tricerátops numerando-os do mais antigo ao mais moderno, escreva o resultado nos quadrinhos e anote o nome deles nas linhas pontilhadas.

6) Jogo de adivinhação... De quais dinossauros estamos falando?

a) Tinha um escudo ósseo na cabeça que parecia um coração.

b) Era um dos familiares mais antigos do tricerátops e tinha um chifre curvado no nariz.

c) É protagonista de lendas, era coberto de penas e tinha o tamanho de um nhandu.

d) Tinha escamas na pele e apresentava uma crista mole na cabeça, parecida com a de uma galinha.

e) Era o mais parecido e o mais próximo ao tricerátops; até acreditava-se que se tratava da mesma espécie.

f) Pertencia à família do tricerátops, tinha chifres maiores do que os de todos os seus parentes e seu nome o torna muito temível.

7) Como era o planeta do tricerátops?

Ordene os mapas de 1 a 3 começando pelo mais antigo.

8) Identifique as partes que correspondem à imagem e escreva os números corretos nos quadrinhos.

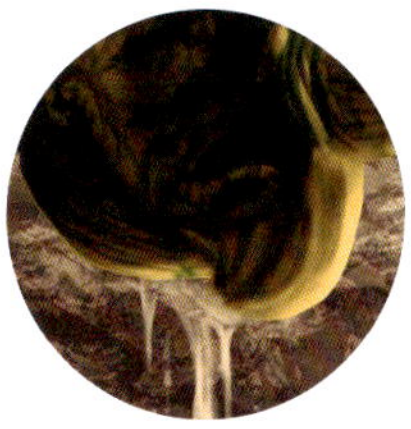

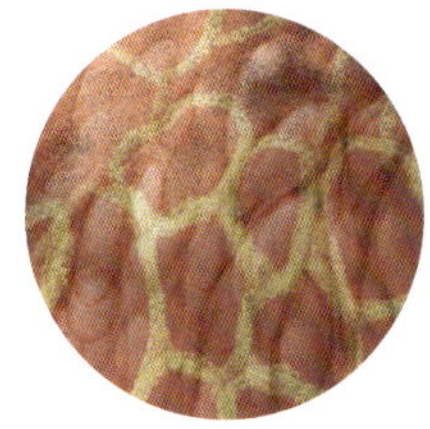

RESPOSTAS

1)

1. Tiranossauro
2. Três
3. Fósseis
4. Chifres
5. Répteis
6. *Horridus*
7. Laurásia
8. Tamarro
9. Escudo
10. *Prorsus*
11. Alamossauro

2)

Edmontossauro: E / A / E / A
Alamossauro: E / A / E / E

3)

pelagem – minúsculo – herbívoro

4)

N	C	T	U	M	F	K	T	R	I	C	E	R	Á	T	O	P	S
F	U	E	N	J	A	T	B	E	H	M	Y	X	E	I	N	E	H
L	A	M	S	S	I	A	L	A	M	O	S	S	A	U	R	O	Á
B	R	C	X	U	Q	M	C	G	U	I	B	R	K	P	Q	A	I
T	D	E	J	C	S	A	L	T	A	S	S	A	U	R	O	M	G
O	T	N	Q	U	O	R	Á	V	I	H	Y	U	O	P	H	Y	E
C	Y	U	I	Z	S	R	F	U	O	Q	T	I	D	E	U	P	O
I	D	I	A	B	L	O	C	E	R	Á	T	O	P	S	R	B	X
R	Q	I	B	Y	E	M	A	D	G	I	V	U	L	K	E	S	U
O	V	S	Á	E	D	M	O	N	T	O	S	S	A	U	R	O	H

5)

Diabloceratops eatoni (2)

Torosaurus (4)

Einiosaurus procurvicornis (1)

Chasmosaurus (3)

6)

a) Chasmossauro
b) Einiossauro
c) Tamarro
d) Edmontossauro
e) Torossauro
f) Diablocerátops

7)

3 – 1 – 2. O tricerátops viveu no mundo número 3.

8)

Créditos das imagens:

p. 9, 12, 27: ícone de tricerátops © aitor em The Noun Project; p. 11: diagramas de movimentos de placas © brgfx em Freepik; p. 14: ícone de libélula © Freepik; p. 15: ícone de termômetro © Macrovector_Official em Freepik; p. 15: ícone de samambaia © Freepik; p. 15: ícone de flor © rawpixel.com em Freepik; p. 20: ícone de automóvel © Freepik; p. 27: ícone de anquilossauro © UnexpectedDinoLesson; p. 27: ícone de edmontossauro © UnexpectedDinoLesson; p. 27: ícone de argentinossauro © Nobu Tamura; p. 27: ícone de tiranossauro © Raf Verbraeken em The Noun Project; p. 27: ícone de ave © creativepack em Freepik; p. 32: ilustração de crânio de tricerátops © Biodiversity Heritage Library. The Ceratopsia. Washington, Govt. Print. Off.,1907.; p. 32: foto de crânio de tricerátops © Biodiversity Heritage Library. The dinosaurs of North America / Washington, Govt. Print. Off., 1896.; p. 33: ilustração de esqueleto de tricerátops © Biodiversity Heritage Library. The dinosaurs of North America / Washington, Govt. Print. Off.,1896.; p. 33: ilustração de crânio e chifres de bisão © Biodiversity Heritage Library. American bisons, living and extinct. 1876.; p. 33: ilustração antiga de tricerátops © Extinct monsters and creatures of other days. London: Chapman & Hall, 1910.; p. 33: foto de Othniel Charles Marsh. Library of Congress Prints and Photographs ; p. 33: foto de Edward Drinker Cope © Smithsonian Institution Archives, Acc. 11-006, Box 023, Image No. MAH-6812; p. 33: foto de escavação © Excavating a fossil at Bone Cabin Quarry, 1898. Photo from Century Magazine, 1904.; p. 33: mapa © U.S. General Land Office. Map 11 - Wyoming, Nebraska, Colorado, Kansas, South Dakota. 1878.